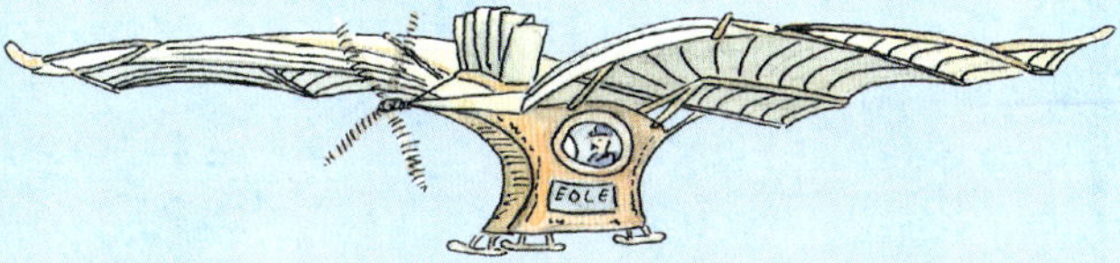
EOLE

Rainer Crummenerl

Leselöwen

Flugzeug-Wissen

Illustrationen von Udo Kruse-Schulz

Loewe

Bibliografische Information Der Deutschen Bibliothek
Die Deutsche Bibliothek verzeichnet diese Publikation in der Deutschen Nationalbibliografie; detaillierte bibliografische Daten sind im Internet über *http://dnb.ddb.de* abrufbar.

Der Umwelt zuliebe ist dieses Buch auf chlorfrei gebleichtem Papier gedruckt.

ISBN-10: 3-7855-5664-0
ISBN-13: 978-3-7855-5664-1
1. Auflage 2006

Umschlagillustration: Udo Kruse-Schulz
Umschlaggestaltung: Andreas Henze
Printed in Germany (017)

www.loewe-verlag.de

Inhalt

Fliegen wie ein Vogel

Es ist im Frühsommer des Jahres 1862. Die Wiesen an der Peene sind saftig und grün. Am Himmel stehen Schäfchenwolken.

„Kommst du endlich?“ Otto Lilienthal sieht sich nach seinem jüngeren Bruder um. Gustav hockt hinter einem Busch und schüttelt unwillig den Kopf. Dabei schaut er zum nahen Fluss.

Otto folgt seinem Blick.

Am Ufer der Peene stakst ein Storch gemächlich über die Wiesen. Manchmal öffnet und schließt er seinen langen roten Schnabel. „Wie eine riesige Pinzette“, denkt Otto und lässt den Vogel keine Sekunde mehr aus den Augen. Dabei geht er zu seinem Bruder zurück und hockt sich neben ihn.

„Wollen wir?“, fragt Gustav.

„Warte!“ Otto mustert das wehende Haar seines Bruders. Dann sagt er: „Der Wind kommt von da drüben. Wir müssen zum Fluss. Aber vorsichtig!"

Gustav nickt und läuft los. Die beiden schlagen einen großen Bogen, um den Storch nicht zu warnen. An der Peene bleiben sie stehen. Jetzt weht der Wind von ihnen zum Vogel.

„Also los!" Otto duckt sich und schleicht zu dem Storch. Gustav folgt ihm. Als das Tier sie bemerkt, klappert es aufgeregt mit dem Schnabel. Otto bleibt stehen. Er weiß genau, was gleich passieren wird.

Der Storch breitet seine Flügel aus und hüpft den beiden Jungen entgegen.

„Pass auf, jetzt!“, sagt Otto. Kraftvoll schlägt der Vogel mit seinen Schwingen. Rasch heben sie ihn in die Luft. Er steigt höher und höher.

„Hast du gesehen?“ Gustav flüstert noch immer. „Der Wind hat ihn gehoben.“

Otto nickt und schaut auf seine Hände. Er hat sie gewölbt wie der Storch eben seine Flügel.

„Komm, Gustav, lass es uns jetzt versuchen.“

Der Abend ist dunkel und windig. Nur in wenigen Häusern der kleinen Stadt Anklam brennt noch Licht. Otto und Gustav treten auf die Straße. Sie ist menschenleer.

„Heute sieht uns bestimmt niemand.“ Gustav trägt ein seltsames Gestell. „Ich möchte nicht, dass sie uns schon wieder auslachen.“

„Ich auch nicht.“ Otto knöpft seine Jacke zu. „Aber jetzt schnell.“

Die beiden Jungen haben es nicht weit. Sie wollen zu einem Hügel hinter den Häusern. Von hier aus starten sie ihre Flugversuche.

Auf der Anhöhe steigt Otto in das hölzerne Gestell. Dann packt er es mit beiden Armen. Tatsächlich, jetzt hat er Flügel! Sie sind zwei Meter lang und einen Meter breit. Die Kinder haben sie mit Spanbrettchen aus Buchenholz gebastelt.

„Der Wind!“ Gustav deutet zum Himmel. „Er kommt von dort.“

Otto dreht sich ein wenig. Er weiß, dass er dem Wind entgegenlaufen muss, wie der Storch auf der Wiese. Nur so kann er abheben.

„Drück mir die Daumen.“ Otto holt noch einmal tief Luft und läuft los. Der Wind drückt gegen die Flügel. Otto bietet alle Kraft seiner Arme auf, um sie weit ausgebreitet zu halten. Als es bergab geht, be-

schleunigt er sein Tempo. Die Flügel lassen sich nur mühsam halten. Otto rennt und rennt. Aber nichts passiert.

Keuchend steigt er anschließend wieder zu seinem Bruder hinauf. „Es geht immer noch nicht“, sagt er. „Aber irgendwann wird es klappen, das weiß ich.“

Die Jahre vergehen. Wieder ist es Sommer. In dem verschlafenen Dörfchen Derwitz bei Potsdam verbreitet sich eine

Nachricht wie ein Lauffeuer: „Der Mann mit den Flügeln! Er ist wieder da!“

Die Leute lassen alles stehen und liegen. Sie eilen zum Spitzberg. Auf dem sandigen Hügel, der an einer Seite steil abfällt, stehen drei Männer. Einer von ihnen trägt eine Weste und hohe lederne Schnürstiefel. Es ist Otto Lilienthal. Um seinen Kopf hat er ein Piratentuch geschlungen.

Vor Lilienthal liegen zwei große, durch ein Gestell verbundene Flügel. Ob sie ihn diesmal tragen werden?

Der Wind bläst jetzt stärker.

„Frisch gewagt ist halb gewonnen“, sagt einer der beiden Männer. „Besser wird es nicht.“

Otto Lilienthal nimmt den Flugapparat hoch. Fest umklammern seine Hände die Stangen. Dann tritt er an den Rand des Abhangs und springt.

Der Wind greift in die gebogenen Schwingen. Die Füße des Mannes heben vom Boden ab. Mit gestreckten Beinen segelt Otto Lilienthal langsam den Hang hinunter.

Die Leute können es nicht fassen. Sie klatschen und jubeln. „Er fliegt, er fliegt!“

Die ersten Flüge

Der deutsche Ingenieur **Otto Lilienthal** (1848–1896) war der erste Mensch, der mit einem Flugapparat frei flog. Zuletzt erreichte er im Gleitflug 350 Meter. 1896 stürzte er bei einem Flugversuch ab und starb einen Tag später an seinen Verletzungen.

Der erste motorisierte und längere Flug in einem Gefährt, das schwerer war als Luft, gelang den Amerikanern **Orville und Wilbur Wright**. Am 17. Dezember 1903 blieb ihr Motorflugzeug 12 Sekunden lang in der Luft. 1908 war es schon mehr als eine Stunde.

Hans Grade aus Magdeburg war der erste deutsche Flieger, der sich 1908 mit einem selbst gebauten Motorflugzeug in die Luft erhob. Ein Jahr später gewann er mit einem neuen Flugzeug, dem Eindecker „Libelle", einen Flugwettbewerb.

1909
überflog der
Franzose
Louis Bleriot als Erster
den Ärmelkanal zwischen Frankreich und England. Der Flug in seinem selbst gebauten, mit Drähten verspannten Flugzeug dauerte 32 Minuten.

Der erste Alleinflug von Amerika nach Europa gelang dem amerikanischen Postflieger **Charles Lindbergh**. 1927 legte er mit seiner Maschine „Spirit of St. Louis“ die Strecke New York – Paris in 33 Stunden zurück. Er flog ohne Zwischenstopp.

Die größten Luftfahrzeuge, die es gab, waren Luftschiffe. Die erste wirklich brauchbare „Riesenzigarre“ stammte von **Graf Ferdinand von Zeppelin**.
Sein erstes Luftschiff „LZ 1“ war 128 Meter lang. Es startete im Sommer 1900.

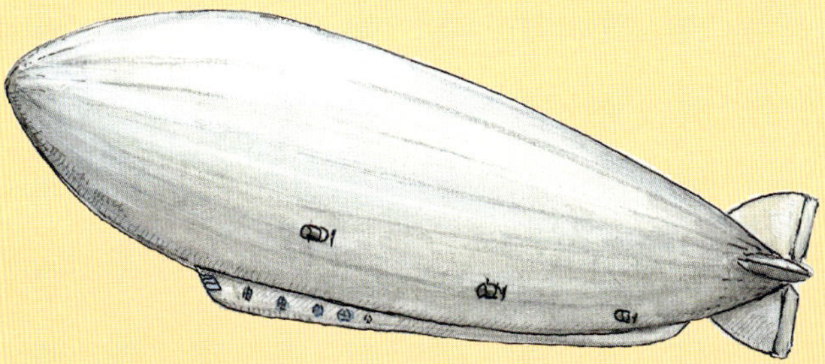

Der Fensterplatz

Der Kahleberg ist der letzte Ausläufer einer kleinen Hügelkette. Lang und steil zieht er sich zum Waldsee hinunter. Im Winter tummeln sich hier die Skifahrer. Jetzt aber, Anfang August, gehört der baumlose Hügel den Piloten der Modellflugzeuge.

„Wessen Flugzeug länger in der Luft bleibt, der darf am Fenster sitzen“, sagt Alex und packt sein Modellflugzeug aus. „Ich meine, wenn wir nächste Woche nach Mallorca fliegen.“ Der rot-weiß lackierte Flieger ist nagelneu. Er heißt „Himmelsstürmer“ und besteht aus Schaumstoff. Natürlich hat er eine Fernsteuerung. Kein Zweifel, Alex wird den Fensterplatz gewinnen.

„Kunststück. So einen könnte ich ewig oben halten“, sagt Nadja. Enttäuscht betrachtet sie ihr Segelflugzeug. Es ist genauso neu wie der „Himmelsstürmer“.

Nadja ist noch immer ein bisschen sauer auf ihren Bruder. Das kam so: In einer Woche werden Nadja und Alex mit ihren Eltern in den Urlaub nach Mallorca fliegen. Um Alex auf den ersten Flug seines Lebens vorzubereiten, wollte ihm Opa einen Modellflieger kaufen.

„Und was bekomme ich?“, hat Nadja gefragt.

„Du bist doch schon einmal geflogen.“

„Ja, aber ich habe damals nichts bekommen, gar nichts!“

„Also gut“, hat der Großvater gesagt. „Du gibst ja doch keine Ruhe. Auch eins mit Fernsteuerung, wie der Flieger von Alex?“

„Natürlich ohne“, hat Alex sich eingemischt. „Nadja kommt ja nicht mal mit der Fernsteuerung meines Rennautos zurecht.“

Das stimmte leider, und Nadja gab es auch zu.

„Dann also ohne jeden Schnickschnack“, hat der Großvater entschieden. Und dabei ist es geblieben.

Nun stehen sie auf dem Hügel. Die Sonne scheint, und ein leichter Wind weht den Hang herauf.

„Bestes Flugwetter“, sagt der Großvater und schaut sich um.

Ein paar Schritte weiter klopft ein Mann einem Jungen auf die Schulter: „Holm- und Rippenbruch!“ Der Junge nickt, nimmt ein giftgrünes Flugzeug und läuft bis zur Hangkante. Ein kräftiger Armzug, und schon ist es in der Luft. Konzentriert schiebt er die Regler an seinem Steuergerät hin und her. Ruhig schwebt das Flugzeug über den Hang.

„Habt ihr gesehen? So muss man das machen!" Der Großvater nickt anerkennend. „Also, wer beginnt? Alex?"

Alex hat sich die Fernsteuerung schon umgehängt. Bevor er zum Sender greift, ruft er: „Achtung, Start!" Dann läuft er zur Hangkante und wirft den „Himmelsstürmer" steil in die Höhe.

Der Flieger steht einen Augenblick unschlüssig in der Luft. Dann schießt er steil nach unten. Alex will schon aufschreien, da drückt der Aufwind das Flugzeug erneut nach oben.

„Worauf wartest du?“, ruft der Großvater. „Lenke ihn!“

„Mache ich doch!“ Alex bewegt verzweifelt die Hebel seiner Fernsteuerung. Der Flieger steigt, kippt, steigt wieder und stürzt schließlich auf die Wiese.

„Wie ist denn das passiert?“, fragt der Großvater, als er das Flugzeug in der Hand hält. Der linke Flügel ist gebrochen.

„Den klebe ich dir wieder. Also, was war los?“

„Die Fernsteuerung.“ Alex hat Tränen in den Augen. „Es ist alles ganz anders als beim Rennauto.“

„Ein Auto ist kein Flugzeug“, sagt der Großvater. „Da musst du schon noch ein bisschen üben.“

Dann schaut er Nadja an. „Und jetzt du. Oder willst du nun nicht mehr?“

„Doch“, sagt Nadja und hebt ihr Flugzeug hoch. Da sieht sie den Jungen mit dem giftgrünen Flieger. Er schaut zu ihr hin und schüttelt den Kopf. Dann hält er seine gestreckte Hand leicht nach unten.

Nadja versteht. Sie wirft ihren Flieger so, wie der Junge es ihr zeigt.

Das Flugzeug sackt zunächst durch, fängt sich aber gleich wieder und gewinnt an Höhe.

Triumphierend guckt Nadja ihren Bruder an. „Den Fensterplatz hab ich schon mal sicher.“

Alex schluckt und beobachtet den Flieger, der langsam in den Himmel steigt.

Doch das Flugzeug wird kleiner und immer kleiner. Hilflos starrt Nadja ihm hinterher. Bald ist es ganz verschwunden. Schon beim ersten Flug hat Nadja ihren Flieger verloren.

„Mit einer Steuerung wäre mir das nicht passiert“, denkt sie. Aber dann sieht sie Alex’ Flugzeugwrack.

Auf dem Heimweg fragt Nadja: „Wer darf denn nun am Fenster sitzen?“

Der Großvater runzelt die Stirn. „Dein Flugzeug war länger in der Luft. Aber dann hast du es verloren. Alex hat seins noch.“ Er überlegt einen Augenblick. „Macht es doch so: Einer bekommt auf dem Hinflug den Fensterplatz, der andere auf dem Rückflug!“

Geheimnisvoller Auftrieb

Der Wunsch des Menschen, wie ein Vogel frei zu fliegen, ist uralt. Aber warum können Vögel eigentlich fliegen? Weil an ihren Flügeln eine Kraft entsteht, die sie in die Luft trägt: der Auftrieb.

Auch das Flugzeug wird von der Kraft des **Auftriebs** in die Luft gehoben. Der Auftrieb entsteht an den Tragflügeln des Flugzeugs. Hervorgerufen wird er durch den Fahrtwind.

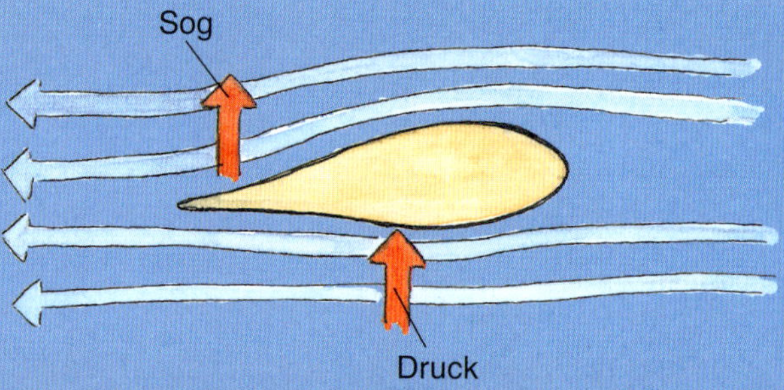

Ein Flugzeug fährt über die Startbahn. Je schneller es rollt, desto stärker wird der Auftrieb. Aber erst, wenn der Auftrieb größer ist als das Gewicht des Flugzeugs, hebt die Maschine vom Boden ab.

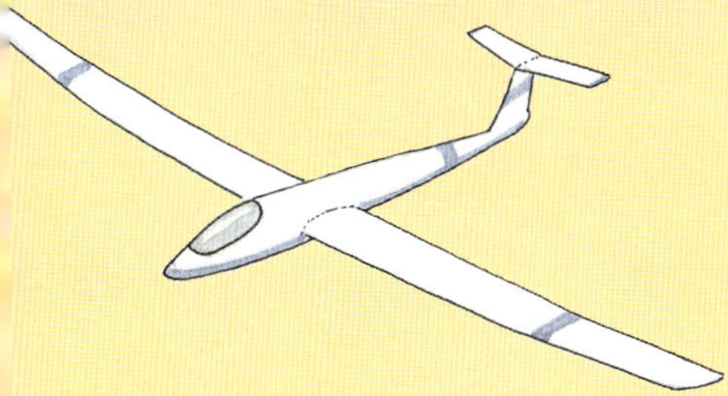

Flugzeuge haben oft unterschiedliche **Tragflügel**. Für langsam fliegende Maschinen werden gerade, weitgestreckte und gewölbte Tragflügel gebraucht. Bei schnell fliegenden Flugzeugen sind die Tragflächen zur Verringerung des Luftwiderstandes oft pfeilförmig nach hinten abgewinkelt. Manche Flugzeuge haben auch schwenkbare Tragflügel. Sie können im Flug verstellt werden.

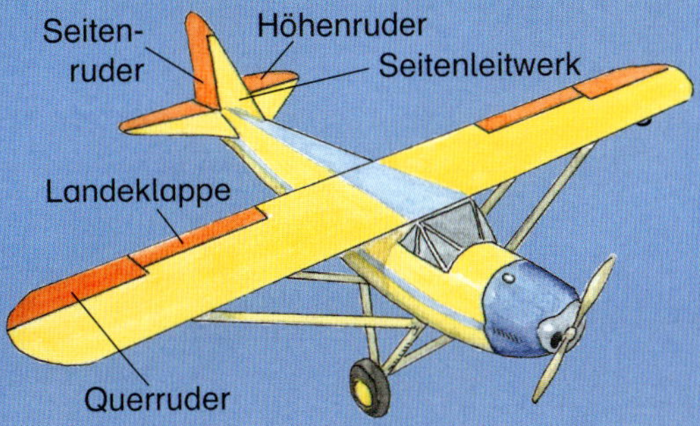

Jedes Flugzeug hat ein **Leitwerk.** Es sorgt dafür, dass Maschine nicht in der Luft taumelt. Zum Steuern hat das Flugzeug schwenkbare Ruder: **Höhen- und Seitenruder** an den Schwanzflossen, **Querruder** an den Tragflächen.

In jedem Flugzeug befinden sich zahlreiche Bordgeräte. Zu den wichtigsten gehören der **Kreiselkompass**, der Autopilot und der **künstliche Horizont**. Dieses Gerät zeigt dem Piloten an, welche Fluglage die Maschine über dem Horizont hat.

Sarahs erster Flug

„Endlich!“, denkt Sarah und springt aus dem Bett. Auf diesen Tag freut sie sich seit Wochen. Heute fliegt sie mit Mama nach Marokko!

Ihre Mutter sitzt schon in der Küche und schreibt einen Brief. „Für Omi, damit sie weiß, wie sie die Blumen gießen soll.“ Sarah setzt sich zu ihr.

„Dein erster Flug“, sagt die Mutter, und ihre Stimme klingt sehr besorgt. „Du brauchst wirklich keine Angst zu haben.“

„Mama! Wie kommst du denn auf so was!“ Sarah schüttelt den Kopf. „Flugzeuge ...“

„... sind die sichersten Verkehrsmittel der Welt. Das habe ich dir schon zigmal gesagt.“

„Nicht nur du“, murmelt Sarah. „Auch Oma, Opa und all die anderen.“ Sie schluckt. „Warum erzählt ihr mir nur immer so etwas?“

„Weil es stimmt.“ Die Mutter faltet den Brief zusammen. „So, und nun iss, der Tag wird lang.“

Zum zweiten Mal an diesem Tag denkt Sarah: „Endlich!“ Das ist auf dem Flughafen. Ein Gong ertönt, und eine Stimme aus dem Lautsprecher sagt: „Flug 379 nach Agadir zum Flugsteig 8 – flight 379, please, come to gate 8.“

Wenig später rollt das Flugzeug zur Startbahn. Sarah sitzt am Fenster. Neben ihrer Mutter hat ein älterer Mann Platz genommen. Er lächelt Sarah freundlich zu. „Es ist ihr erster Flug“, sagt Sarahs Mutter und atmet tief durch.

„Er wird dir gefallen.“ Der Mann spannt den Sicherheitsgurt enger. „Ich könnte jeden Tag fliegen.“

Sarah nickt. Nun klopft ihr Herz tatsächlich etwas schneller.

Da geht es auch schon los. Die Maschine rollt an und beschleunigt. Der Boden rüttelt, die Turbinen heulen immer lauter. Mit Donnergetöse stürmt das Flugzeug über die Startbahn, hebt ab und steigt in den Himmel.

„Mama!“ Sarah zeigt aus dem Fenster. „Sieh doch mal, die Autobahn.“

Die Mutter hat ihre Augen geschlossen. „Das ist die A7.“

„Und dort, die Windräder, wie klein die sind!“

„Stimmt.“

Sarah guckt immer noch aus dem Fenster, als es unter ihnen auf einmal dumpf rumpelt. „Was ist denn das, Mama?“

„Ich … ich weiß nicht.“ Hilfe suchend schaut die Mutter ihren Nachbarn an. „Wissen Sie ...?“

Der ältere Mann nickt. „Das war das Fahrwerk. Sie haben es eingezogen.“

„Ach so!“ Sarah kramt in der Sitztasche vor ihr.

„Danke.“ Ihre Mutter schlägt ein Buch auf. Sie hat es sich extra für die Reise gekauft.

Zwanzig Minuten sind seit dem Start vergangen. Das Flugzeug steigt noch immer.

„Eigentlich habe ich jetzt Hunger“, sagt Sarah und lauscht plötzlich. „Hörst du“, sagt sie, „die Triebwerke. Sie sind so leise geworden. Gehen die aus?“

Die Mutter guckt von ihrem Buch hoch. Sie sieht sehr blass aus. „Warum sollten die ausgehen? Aber leiser sind sie wirklich ...“

„Der Pilot hat den Schub weggenommen“, erklärt der ältere Mann. „Wahrscheinlich haben wir jetzt unsere Reise-

flughöhe erreicht.“ Er legt seine Zeitung beiseite. „Bergauf ist ein Auto auch lauter als auf ebener Strecke.“

Die Zeit vergeht im Rauschen der Turbinen. Sarah träumt aus dem Fenster. Ihre Mutter blättert in dem Buch.

„Bitte anschnallen!“, sagt plötzlich der Mann und deutet auf eine Anzeigetafel. Das Flugzeug taucht in eine Wolkenbank ein. Es wird düster, und Sarah verspürt ein Kribbeln in ihrem Bauch. Durch die Wolkenschleier sieht sie, dass die Tragflächen zittern. Eine Frau stöhnt leise auf. Was ist los?

Aber der ältere Mann winkt ab. „Das sind Turbulenzen, schnelle Änderungen in der Luftströmung. Ganz normal.“

„Hast du gehört, Mama, das ist ganz normal.“

Sarahs Mutter guckt wieder in ihr Buch. Sie ist käsebleich. Und immer noch auf Seite 3.

Draußen ist es dunkel geworden. Die Maschine befindet sich im Sinkflug. Noch zehn Minuten bis Afrika. „Gleich wird es wieder rumpeln“, denkt Sarah. Da flackert das Licht und verlöscht.

„Das Licht“, flüstert ihre Mutter, „es ist aus!“

„Keine Sorge“, beruhigt sie der Mann. „Das Licht wird abgedunkelt, um die Triebwerke zu entlasten. Bei der Landung möchte man möglichst sämtliche Leistungsreserven zur Verfügung haben.“

Dann rumpelt es tatsächlich wieder. Wenig später setzt die Maschine auf. Das Licht geht wieder an. Viele Leute klatschen.

„Es ist überstanden“, sagt die Mutter und presst Sarahs Hand. Da zuckt sie zusammen. Ein Geräusch ertönt, schwillt an und wird zu einem dumpfen Grollen.

„Das ist der Umkehrschub“, erklärt der Mann. „Er hilft beim Bremsen.“

Endlich steht das Flugzeug.

Sarahs Mutter nickt dem Mann zu. „Danke für Ihren Beistand, ohne Sie ...“

„Das glaube ich nicht, Ihre Tochter hätte den Flug auch so gut hinter sich gebracht.“

„Sarah schon.“ Die Mutter lächelt müde. „Aber ich nicht. Das war nämlich auch mein erster Flug.“

Mit und ohne Motor

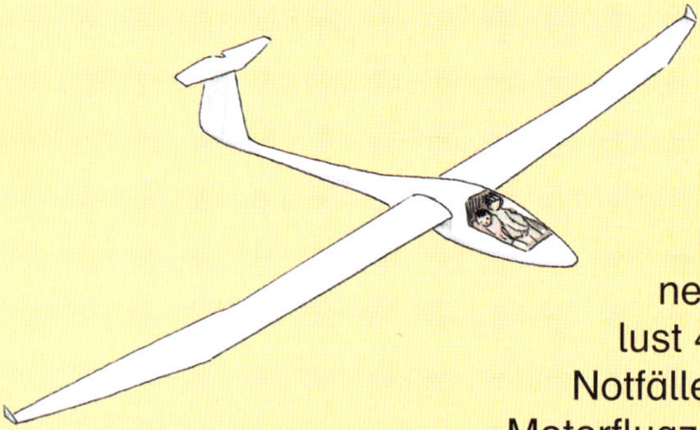

Segelflugzeuge fliegen ohne Motor. Sie steigen im Aufwind und gleiten mit geringem Höhenverlust. Moderne Segelflugzeuge können bei 1 000 Meter Höhenverlust 40 Kilometer weit fliegen. In Notfällen segeln manchmal auch Motorflugzeuge.

Manche Flugzeuge können sogar auf dem Rücken fliegen. Das sind **Sportflugzeuge**. Auch Segelflugzeuge, Ultraleicht-Flugzeuge und Motorsegler werden bei Wettkämpfen eingesetzt.

Flugzeuge, die auf dem Wasser starten und landen können, heißen **Wasserflugzeuge**. Die meisten von ihnen haben unter beiden Tragflächen einen bootartigen Schwimmer. Wasserflugzeuge verkehren oft zwischen Inseln.

Viele Flugzeuge haben Propeller. Die Propellerblätter heben sie aber nicht in die Luft, sondern bewegen sie voran. Früher gab es nur **Propellerflugzeuge**. Heute dienen Propellerflugzeuge vor allem als Reiseflugzeuge für kleine Strecken und als Sportflugzeuge.

Die meisten Verkehrs- und Militärflugzeuge fliegen heute mit Strahltriebwerken. Diese **Düsenjets**, wie man sie auch nennt, sind einfacher und leichter gebaut als Propellerflugzeuge. Vor allem aber erreichen sie eine viel größere Leistung.

Die schnellsten Flugzeuge fliegen schneller als der Schall. Das sind fast immer Militärflugzeuge. Aber auch zwei Passagierflugzeuge waren schneller als der Schall: die russische „TU-144“ und die französisch-britische **„Concorde“**. Heute gibt es sie nur noch im Museum.

Urlaubsgrüße

„Was ich in meinem Rucksack habe?“ Fabian versteht die Frage nicht. „Na, alles, was man so braucht.“

Fabian fliegt mit seinen Eltern in den Urlaub. Für vierzehn Tage! Da muss man sich schon eindecken!

„Eure Koffer sind ja auch kurz vor dem Platzen“, sagt Fabian und öffnet bereitwillig den Rucksack. „Du kannst ja mal reingucken, wenn du unbedingt willst.“

Seine Mutter will.

Sie findet zwei Bücher, ein Computerspiel, drei Beutel Gummitiere, eine Riesenpackung Erdnussflips, einen Walkman, Salzstangen, eine Taschenlampe, Fabians Fotoapparat und den Teddy „Hansi“. In der Seitentasche steckt noch ein Handy.

„Das machst du aber aus, hörst du?“

„Im Flieger, logo.“

Frau Kunze, Fabians Mutter, nickt streng. Dann entdeckt sie noch ein

Taschenmesser. „Und das lässt du am besten ganz hier."

„Aber Mama, ohne mein Messer bin ich doch noch nie ...!"

„Dann steck es wenigstens in den Koffer. Du weißt hoffentlich, warum. Und vergiss nicht, dich von Lara und Paula zu verabschieden."

Lara ist Fabians ältere Schwester. Sie wird zu Hause bleiben und die Katze Paula hüten.

„Ich freue mich schon auf deine Urlaubsgrüße", sagt Lara und grinst Fabian an.

„Ich weiß genau, diesmal kommt Post von dir."

„Und ich weiß es noch genauer", meint Fabian. „Du bekommst keine Post von mir. Ich habe nämlich Ferien."

Nachdem sie ihre Koffer abgegeben haben, bummeln die Kunzes durch die Flughafenhalle. Sie haben noch reichlich Zeit bis zum Start. Fabian ist begeistert. Die riesigen Fenster geben den Blick auf das Rollfeld frei.

„Ich hab es geahnt“, stöhnt seine Mutter, als sie später die Menschenschlange bei der Sicherheitskontrolle sieht. „Warum mussten wir auch so lange herumtrödeln?“

Herr Kunze bleibt gelassen. „Ob wir nun hier warten oder oben, das ist doch egal.“

Schweigend stellen sie sich an.

Fabian guckt interessiert zu, wie die Leute vor ihm durch den Metalldetektor gehen. Manche, vor allem Männer, werden danach noch einmal abgetastet. „Ob die mich auch wie einen Mann behan-

deln?“, denkt er, als es plötzlich „uiiii-uiiii-uiiii“ macht.

Fabian reckt seinen Hals. Hinter dem Detektorbogen steht eine junge Frau. Sie schüttelt ihren tomatenroten Kopf. Der Beamte sagt etwas und zeigt auf ihre Stiefel. Die Frau nickt, zieht die Stiefel aus und geht noch einmal durch den Bogen. Wieder macht es „uiiii-uiiii-uiiii“.

Fabian grinst, und Frau Kunze sagt: „Nur gut, dass dein Messer im Koffer ist.“

„Logo“, sagt Fabian und fasst in seine Hosentasche. Dann wird er blass. Er bekommt kaum mit, wie die Frau mit dem roten Kopf einen Nietengürtel auszieht.

Das Messer! Wegen Lara hat er vergessen, es in den Koffer zu stecken. Jetzt muss es verschwinden, egal wie.

Fabian zählt die Leute vor ihnen. Es sind noch vierzehn oder fünfzehn.

Da kommt ihm der rettende Gedanke.

„Ich muss auf Klo, ganz schnell“, stöhnt er und guckt verzweifelt.

„Du kannst doch nach der Kontrolle gehen“, sagt Herr Kunze.

„Das schaffe ich nicht mehr!“, jammert Fabian und läuft einfach los.

In der Toilette holt er seine Stabtaschenlampe aus dem Rucksack, entfernt die Batterien und steckt sein Messer in die Röhre. Dann hetzt er wieder zurück.

Und schon ist Familie Kunze an der Reihe. Fabian legt seinen Rucksack auf das Transportband der Röntgenkontrolle, geht durch den Detektorbogen und stellt sich zu seinem Vater.

Da fragt eine Stimme: „Wem gehört dieser Rucksack?"

„Meinem Sohn", sagt Herr Kunze. „Ist etwas damit?"

„Das werden wir gleich sehen." Der Beamte guckt Fabian an: „Dann pack mal aus."

„Alles?"

„Was dachtest du denn!"

Als der Inhalt des Rucksacks auf dem Tisch liegt, nimmt der Beamte die Taschenlampe, öffnet sie und lässt vorwurfsvoll das Messer herausplumpsen.

Frau Kunze schnappt nach Luft. „Ich denke, du hast es in den Koffer gesteckt?"

„Ich hab es vergessen", flüstert Fabian, „wegen Lara."

„Also", sagt Frau Kunze, „der Junge ..."

„Es gibt zwei Möglichkeiten", unterbricht der Beamte. „Entweder du lässt dein Messer hier. Dann siehst du es nie wieder. Oder ...", er zeigt in die Halle, „... dort ist eine Post."

„Danke“, knurrt Herr Kunze. Dann sagt er zu Fabian: „Wir beide gehen jetzt da rüber und schicken dein Messer an Lara. Aber du schreibst ihr eine Erklärung dazu. So viel Zeit haben wir noch.“

„Mist“, denkt Fabian, als der Umschlag im Briefkasten liegt, „jetzt habe ich ihr doch geschrieben. Aber es war ja auch ein Notfall, oder?“

Auf dem Flughafen

Flugzeuge starten und landen auf dem **Flughafen**, einem weiten, ebenen Gelände. Auf ihm befinden sich die Start- und Landebahnen sowie der Tower, die Abfertigungshalle und zahlreiche weitere Gebäude.

Das wichtigste **Flughafengebäude** ist der Kontrollturm oder Tower. In seinen abgedunkelten Räumen überwachen Fluglotsen an den Bildschirmen der Radargeräte den Luftraum. Sie erteilen den Piloten die Start- und Landeerlaubnis.

Viel Betrieb herrscht auf dem **Abfertigungsvorfeld**. Hier nehmen die Flugzeuge Post, Proviant und Treibstoff aus unterirdischen Tanks oder aus Tankwagen auf. Außerdem werden die Triebwerke ein letztes Mal überprüft, ehe die Fluggäste über die Fluggastbrücke zusteigen.

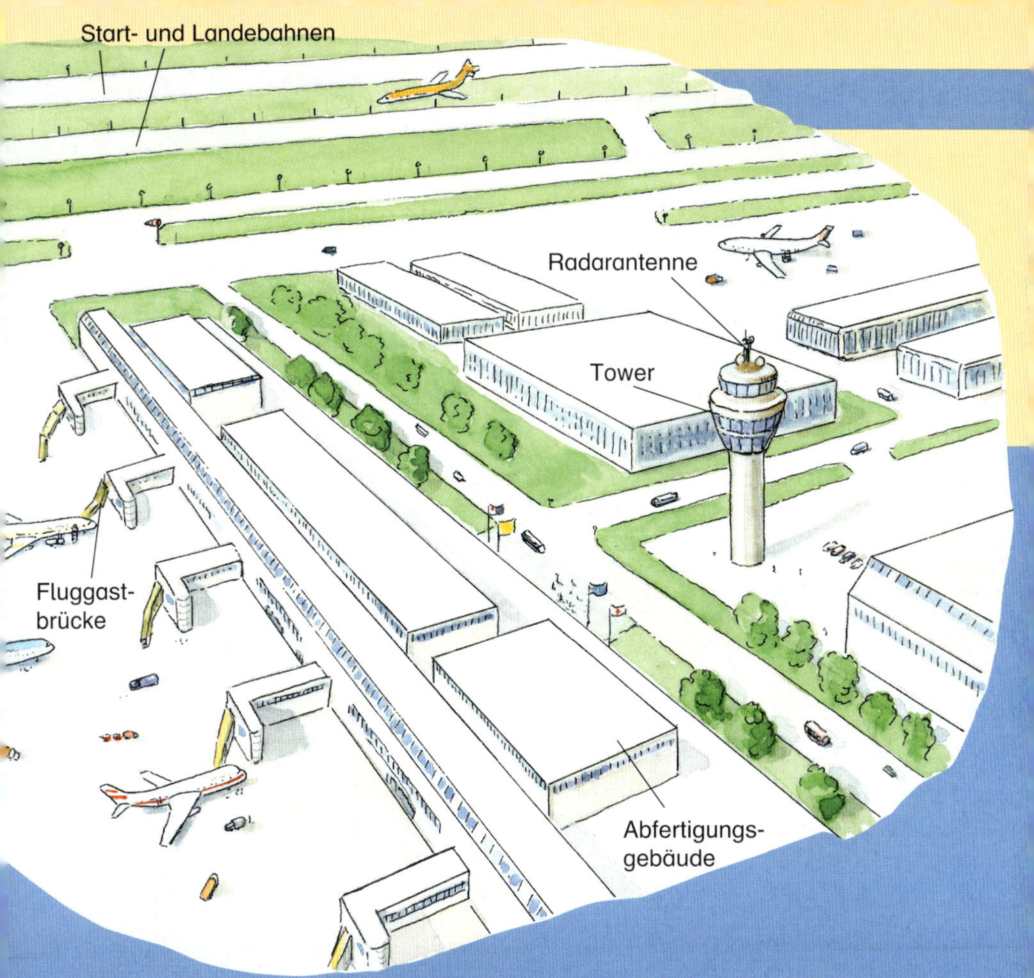

Große Flugzeuge brauchen lange **Start- und Landebahnen** von 2 bis 3 Kilometern. Nachts sind diese stets taghell erleuchtet. Eine rote Scheinwerferreihe markiert ihr Ende.

Auf den meisten Flughäfen wird großer Wert auf Sicherheit gelegt. Die Passagiere müssen durch einen türförmigen **Detektor** gehen. Wenn sie metallene Gegenstände bei sich tragen, ertönt ein Signal.

Rundflug mit Unterbrechung

„Wer ist denn nun mein Kopilot?“ Der Mann in dem roten Overall guckt etwas ratlos auf die Frau und die beiden Kinder vor sich.

„Felix natürlich“, sagt Anika und zeigt auf ihren Bruder.

Frau Schubert nickt. „Mein Sohn hat den Rundflug gewonnen. Es war der erste Preis. Er ist so freundlich und nimmt uns mit.“

„Also, willkommen an Bord!“ Der Mann klopft auf ein Namensschild über seiner Brusttasche. „Ich bin Piet Peters. Und das“, er deutet auf den Hubschrauber hinter sich, „ist Sternchen. Aber so nenne nur ich ihn.“

Sternchen ist ein kleiner Hubschrauber. Er schimmert blau-grün und besteht aus sehr viel Glas. Wenn man genau hinschaut, ähnelt der Hubschrauber einer riesigen Hummel, findet Felix.

Leider können in Sternchen nur drei Passagiere mitfliegen. Deshalb musste Herr Schubert zu Hause bleiben.

„Der Kopilot sitzt natürlich vorne neben mir“, sagt Herr Peters. „Er muss ja die Instrumente beobachten.“

„Muss ich das wirklich?“ Felix sieht ein bisschen besorgt aus.

„Wir können auch tauschen“, sagt Anika. „Dann sitze ich eben vorne.“

„Herr Peters hat nur einen Scherz gemacht“, sagt Frau Schubert. „Er braucht gar keine Hilfe.“

Der Pilot grinst. „Wenn ihr euch geeinigt habt, steigt ein, und schnallt euch an. Und setzt die Kopfhörer auf. Sonst können wir uns nicht unterhalten.“

Dann startet er den Motor. Die Rotorblätter beginnen, sich zu drehen, erst langsam, dann immer schneller. Der Hubschrauber schüttelt sich.

Herr Peters ist jetzt sehr konzentriert. Langsam zieht er einen Hebel nach oben. Sternchen hebt vom Boden ab.

„Wow“, schreit Anika in ihr Mikrofon. „Wie im Fahrstuhl!“

Sekunden später schweben sie schon über dem Fußballstadion.

„Dort wohnt Oma“, sagt Felix und zeigt nach unten.

Herr Peters nickt. „Wobei hast du eigentlich deinen Preis gewonnen?“

„Bei einem Weitflug-Wettbewerb mit Luftballons“, sagt Felix stolz.

„Dann sind wir ja so etwas wie Kollegen.“ Herr Peters schmunzelt. „Und nun würde ich gerne wissen, wohin es gehen soll.“

„Zur Flussinsel.“ Das ist Anika.

Felix verzieht das Gesicht. „Nein. Nach Hause. Tobias will ein Foto machen. Er wartet schon.“ Dann murmelt er noch: „Flussinsel, das ist doch langweilig.“

„Zuerst die Insel“, schlägt Herr Peters

vor und zwingt Sternchen in eine elegante Kurve, „dann über die Stadt und anschließend nach Hause. Einverstanden?“ Donnernd nimmt der Hubschrauber Kurs auf den Fluss.

Felix sieht sie zuerst. Es sind zwei kleine Gestalten. Sie stehen am Ufer der Flussinsel und winken. Felix winkt zurück.

„Wo haben die denn ihr Boot?“, fragt Anika und guckt verwundert nach unten. Die lange und schmale Insel ist leicht zu überschauen. In der Mitte steht eine kleine Hütte. Dort war Anika einmal mit den Eltern ihrer Freundin. Aufgeregt bittet sie: „Können wir noch einmal zurück?“

Herr Peters wendet und legt Sternchen scharf nach links. So ist die Insel besser zu sehen.

Die beiden Gestalten winken immer noch.

„Ich glaube, die wollen etwas von uns“, sagt Herr Peters und lässt Sternchen etwas nach unten sacken.

Tatsächlich, jetzt sieht man es ganz deutlich. Einer der beiden rudert wild mit den Armen. Der andere schwenkt ein Kleidungsstück.

„Vielleicht brauchen sie Hilfe“, sagt Felix.

„Nicht vielleicht“, verbessert Anika. „Bestimmt.“

„Ich werde runtergehen“, entscheidet Herr Peters und zieht eine Schleife. Sekundenlang bleibt Sternchen über der Insel stehen, dann senkt sich der Hubschrauber langsam ab.

Als der Helikopter sicher steht, reißt Herr Peters die Tür auf. Ein klitschnasser Mann guckt herein.

„Unser Boot!“ Der Mann schreit, um den

Motorenlärm zu übertönen. „Es ist weg!" Er zeigt flussabwärts. „Wir sind gekentert."

„Und das bei dieser Kälte!" Frau Schubert schüttelt sich. „Es sind doch höchstens zehn Grad."

Der Mann tritt zur Seite. Hinter ihm steht eine Frau. Sie zittert und ist ebenfalls völlig durchnässt. Um ihren Arm hat sie ein Tuch gewickelt.

„Meine Frau", sagt der Mann, „sie hat sich verletzt. Bitte, können Sie ..."

Herr Peters dreht sich um. „Das ist ein Notfall", sagt er zu seinen Passagieren. „Die beiden müssen ins Krankenhaus."

Frau Schubert löst ihren Gurt. „Wir steigen alle aus", sagt sie.

„Und was wird aus uns?" Felix schluckt. „Tobias wartet ..."

„Ich bin doch gleich wieder da", sagt Herr Peters und hilft der Frau in den Hubschrauber. Dann gibt er Gas.

Der Krach ist ohrenbetäubend. Die Zurückgebliebenen ducken sich unter dem

Sturm, den Sternchen plötzlich entfacht. Sand wirbelt auf, und die wenigen Bäume schütteln sich. Es regnet Blätter und Äste. Rasch hebt der Helikopter ab.

Zwanzig Minuten später ist er wieder da. „Und jetzt geht es weiter im Programm“, sagt Herr Peters, als alle wieder ihre Plätze eingenommen haben. „Zuerst aber soll ich euch herzlich danken. Die beiden laden euch ein. Ihr dürft den Rundflug wiederholen.“ Er lacht. „Wenn ihr wollt, wieder mit mir.“

Flugzeuge ohne Flügel

Statt Flügeln haben Hubschrauber einen Rotor. Dieser erzeugt durch seine Umdrehungen den notwendigen Auftrieb. Um aber tatsächlich abheben zu können, muss der Anstellwinkel der Rotorblätter verändert werden. Ein großer Winkel bedeutet mehr Auftrieb.

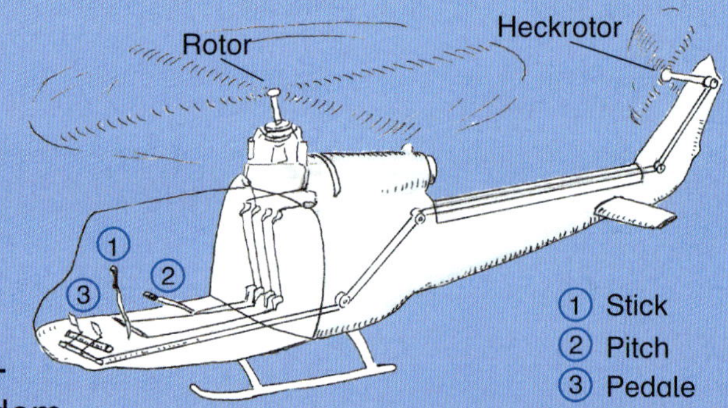

Mit dem **Stick** kippt der Pilot den Rotor und steuert den Helikopter auf diese Weise vorwärts, rückwärts und seitwärts. Den Anstellwinkel der Rotorblätter verändert er mit dem **Pitch**, dem Blattverstell-Hebel. Der Heckrotor, ohne den sich der Helikopter ständig um die eigene Achse drehen würde, wird über **Pedale** bedient.

Die Idee einer Flugmaschine, die von einer sich drehenden Spirale senkrecht nach oben gezogen wird, ist Jahrhunderte alt. Schon der geniale Ingenieur und Maler **Leonardo da Vinci** (1452 – 1519) erkannte, dass man sich in die Luft schrauben kann.

Der erste Helikopter, der senkrecht starten und landen konnte und sich in alle Richtungen steuern ließ, wurde 1936 in Deutschland gebaut. Der **Focke-Wulff Fw 61** flog 122 Stundenkilometer schnell, 230 Kilometer weit und fast 3500 Meter hoch.

Ein **Hubschrauber** hat seinen Flugplatz immer bei sich. Das macht ihn so besonders wertvoll. Hubschrauber können fast überall landen – auf Marktplätzen, Hochhausdächern, Wiesen oder Schiffsdecks. Sie schleppen schwerste Lasten, löschen Brände und retten Leben.

Einige Hubschrauber besitzen zwei Rotoren. Sie sind auf einem Ausleger zu beiden Seiten des Rumpfes befestigt. Solche Hubschrauber können besonders schwere Lasten heben. Auch der größte je gebaute Hubschrauber, der **Mil V-12**, hat zwei nebeneinander liegende Rotoren.

Rainer Crummenerl wurde 1942 in Falkenberg/Elster geboren. Er machte eine Ausbildung zum Journalisten und arbeitete bei verschiedenen Zeitungen. Irgendwann hat er angefangen, die Streiche und Erlebnisse seiner beiden Kinder in Geschichten zu verarbeiten. Das machte ihm so viel Spaß, dass er noch heute vor allem für Kinder schreibt. Rainer Crummenerl lebt als freier Autor in der Nähe von Leipzig.

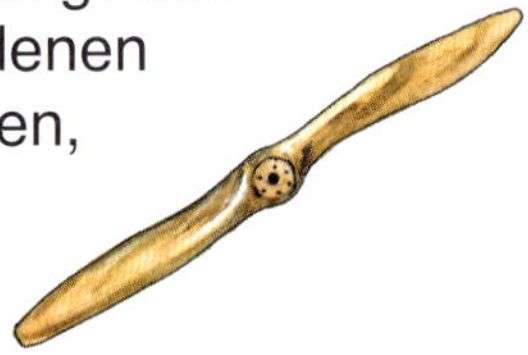

Udo Kruse-Schulz wurde 1960 geboren. Schon in der Schule stand für ihn fest, dass er Illustrator werden wollte. Nach dem Abitur studierte er in Hamburg aber erst einmal klassische Archäologie, bevor er seinen Traum, Grafik mit Schwerpunkt Illustration zu studieren, tatsächlich wahr machte. Udo Kruse-Schulz lebt mit seiner Frau und seinen fünf Katzen in der Nähe von Hamburg.

Leselöwen

Abenteuer- und Sachgeschichten

Wissen

Leselöwen wissen mehr!

www.loewe-verlag.de

Der Sammelband!!